Impressum
Verlag: BABADADA GmbH, Nedderfeld 112 , 22529 Hamburg
Geschäftsführer / Verlagsleitung: Harald Hof
Druck: Books on Demand GmbH, In de Tarpen 42, 22848 Norderstedt

Imprint
Publisher: BABADADA GmbH, Nedderfeld 112 , 22529 Hamburg, Germany
Managing Director / Publishing direction: Harald Hof
Print: Books on Demand GmbH, In de Tarpen 42, 22848 Norderstedt

學校

school

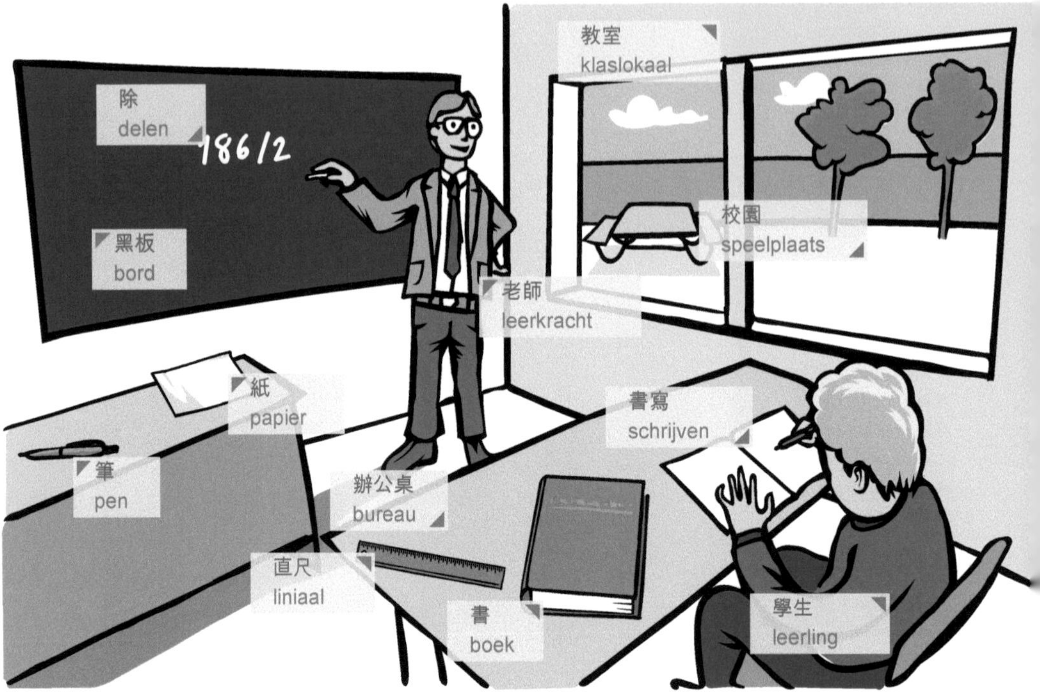
教室
klaslokaal
除
delen
186/2
黑板
bord
校園
speelplaats
老師
leerkracht
紙
papier
書寫
schrijven
筆
pen
辦公桌
bureau
直尺
liniaal
書
boek
學生
leerling

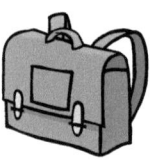

書包

schooltas

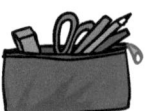

鉛筆盒

pennenzak

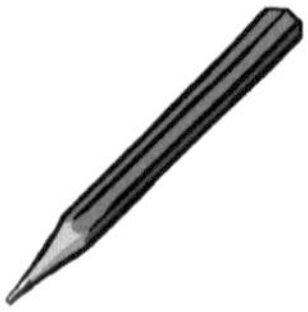

鉛筆

potlood

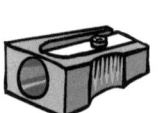

削鉛筆機

puntenslijper

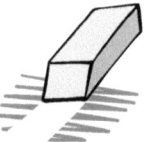

橡皮擦

gom

畫板

tekenblok

圖畫
tekening

畫筆
verfborstel

顏料盒
verfdoos

剪刀
schaar

膠水
lijm

練習冊
werkboek

家庭作業
huiswerk

數字
nummer

加
optellen

減
aftrekken

乘
vermenigvuldigen

計算
rekenen

字母
letter

字母表
alfabet

字
woord

課文
tekst

讀
Lezen

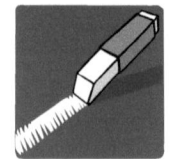

粉筆
krijt

上課
les

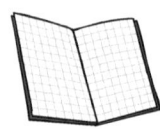

登記
klassenboek

考試
examen

證書
certificaat

校服
schooluniform

教育
onderwijs

百科全書
encyclopedie

大學
universiteit

顯微鏡
microscoop

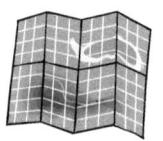

地圖
kaart

廢紙簍
papiermand

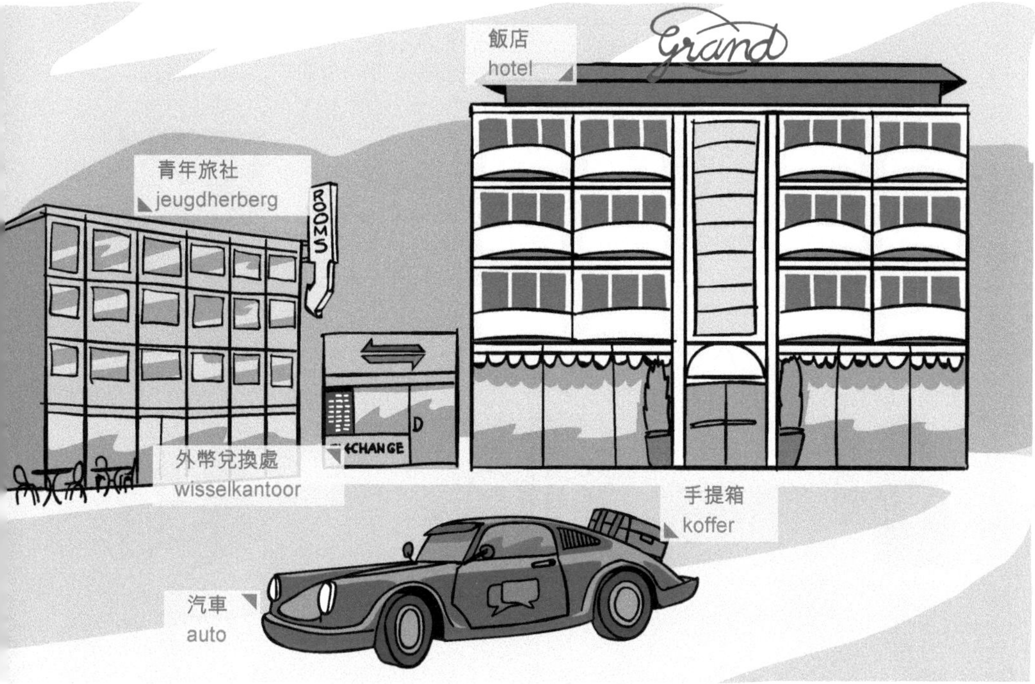
飯店
hotel
Grand
青年旅社
jeugdherberg
ROOMS
CHANGE
外幣兌換處
wisselkantoor
手提箱
koffer
汽車
auto

語言

Taal

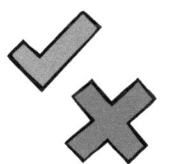

是/否

ja / nee

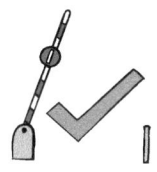

好的

oké

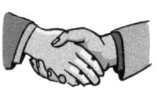

您好

hallo

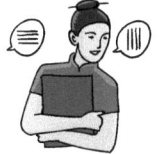

翻譯人員

vertaler

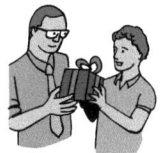

謝謝

bedankt

......多少錢？

Hoeveel kost ...?

我不明白

Ik begrijp het niet

問題

probleem

晚上好！

Goedenavond!

早上好！

Goedemorgen!

晚安！

Goedenavond!

再見

Tot ziens

方向

richting

行李

bagage

包

zak

背包

rugzak

客人

gast

房間

kamer

睡袋

slaapzak

帳篷

tent

旅行資訊
toeristeninformatie

海灘
strand

信用卡
kredietkaart

早餐
ontbijt

午餐
lunch

晚餐
avondeten

票
ticket

電梯
lift

郵票
postzegel

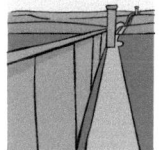

邊界
grens

海關
douane

大使館
ambassade

簽證
visum

護照
paspoort

交通運送
transport

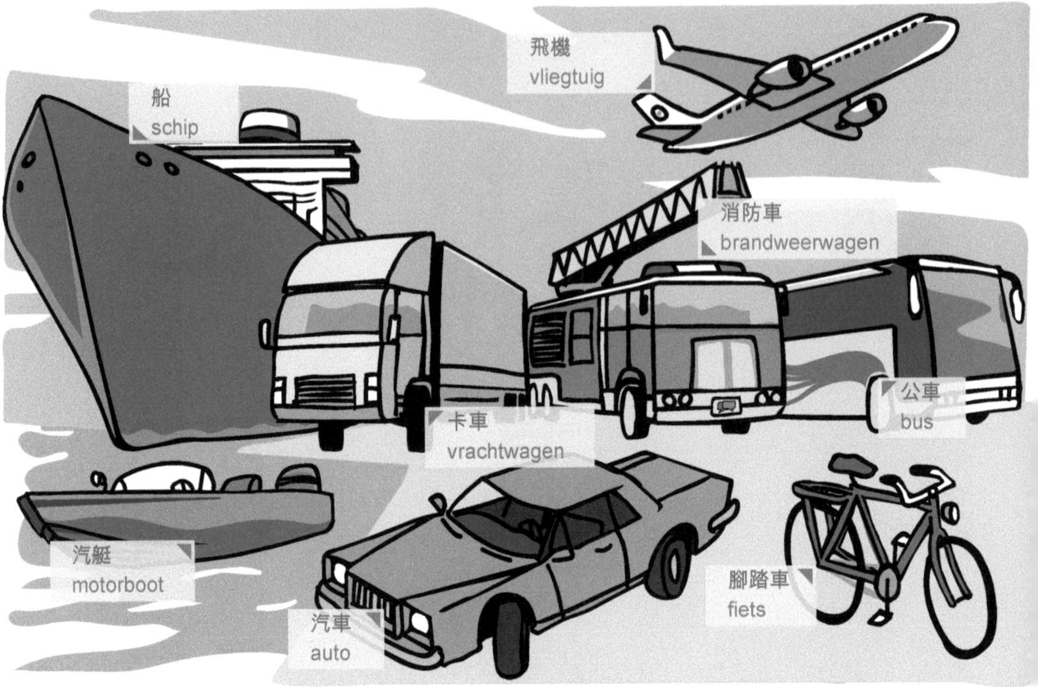

飛機
vliegtuig

船
schip

消防車
brandweerwagen

卡車
vrachtwagen

公車
bus

汽艇
motorboot

汽車
auto

腳踏車
fiets

渡輪
veerboot

小船
boot

機車
motor

警車
politiewagen

賽車
racewagen

租車
huurauto

拼車

carpoolen

拖車

sleepwagen

垃圾車

vuilniswagen

馬達

motor

汽油

benzine

加油站

benzinestation

交通標識

verkeersbord

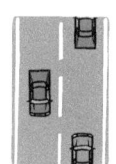

交通

verkeer

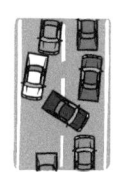

交通堵塞

file

停車場

parkeerplaats

火車站

station

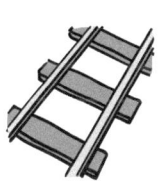

軌道

sporen

火車

trein

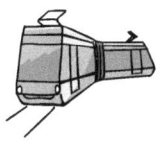

路面電車

tram

客車廂

wagon

交通運送 - transport

直升機
helikopter

機場
luchthaven

塔
toren

乘客
passagier

集裝箱
container

紙板箱
karton

手推車
kar

籃子
mand

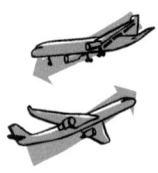

起飛/降落
opstijgen / landen

城市

stad

村莊
dorp

市中心
stadscentrum

房子
huis

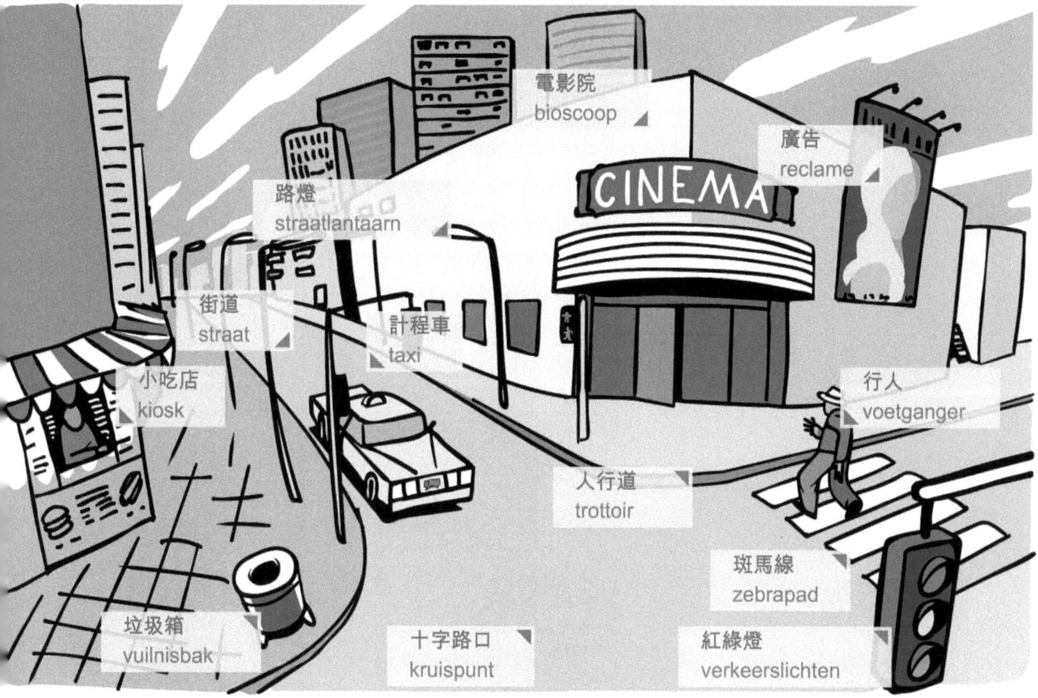
電影院
bioscoop
廣告
reclame
CINEMA
路燈
straatlantaarn
街道
straat
計程車
taxi
小吃店
kiosk
行人
voetganger
人行道
trottoir
斑馬線
zebrapad
垃圾箱
vuilnisbak
十字路口
kruispunt
紅綠燈
verkeerslichten

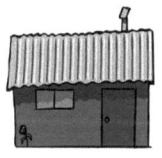

小屋

hut

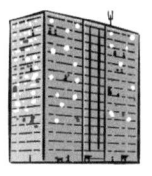

公寓

woning

火車站

station

市政廳

stadshuis

MUSEUM

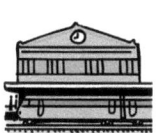

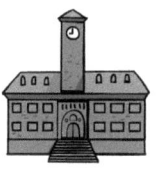

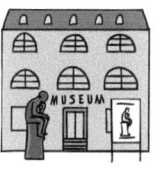

博物館

museum

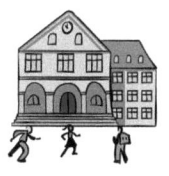

學校

school

大學

universiteit

銀行

bank

醫院

ziekenhuis

飯店

hotel

藥房

apotheek

辦公室

kantoor

書店

boekwinkel

商店

winkel

花店

bloemenwinkel

超市

supermarkt

市場

markt

百貨商店

warenhuis

魚店

vishandelaar

購物中心

winkelcentrum

海港

haven

公園

park

長凳

bank

橋

brug

樓梯

trap

捷運

metro

隧道

tunnel

公車站

bushalte

酒吧

bar

餐館

restaurant

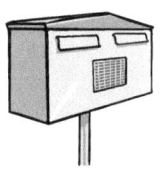

郵筒

brievenbus

路標

straatnaambord

停車計時器

parkeermeter

動物園

zoo

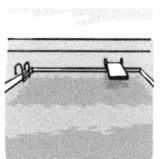

游泳池

zwembad

清真寺

moskee

農場

boerderij

污染

milieuverontreiniging

墓地

kerkhof

教堂

kerk

操場

speelplaats

寺廟

tempel

地形

landschap

樹葉
blad

指示牌
wegwijzer

路
weg

草地
weide

石頭
steen

徒步旅行者
wandelaar

樹
boom

河
rivier

草
gras

花
bloem

峽谷

vallei

丘陵

heuvel

湖

meer

森林

bos

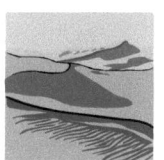

沙漠

woestijn

火山

vulkaan

城堡

kasteel

彩虹

regenboog

蘑菇

paddenstoel

棕櫚樹

palmboom

蚊子

mug

蒼蠅

vlieg

螞蟻

mier

蜜蜂

bijl

蜘蛛

spin

甲蟲

kever

青蛙

kikker

松鼠

eekhoorn

刺蝟

egel

野兔

haas

貓頭鷹

uil

鳥

vogel

天鵝

zwaan

野豬

wild zwijn

鹿

hert

麋鹿

eland

水壩

dam

風力發電機

windturbine

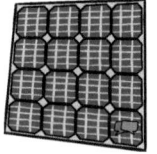

太陽能電池板

zonnepaneel

氣候

klimaat

餐館

restaurant

服務生
ober
菜譜
menu
椅子
stoel
湯
soep
披薩餅
pizza
餐具
bestek
桌布
tafelkleed

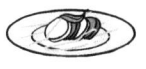

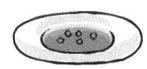

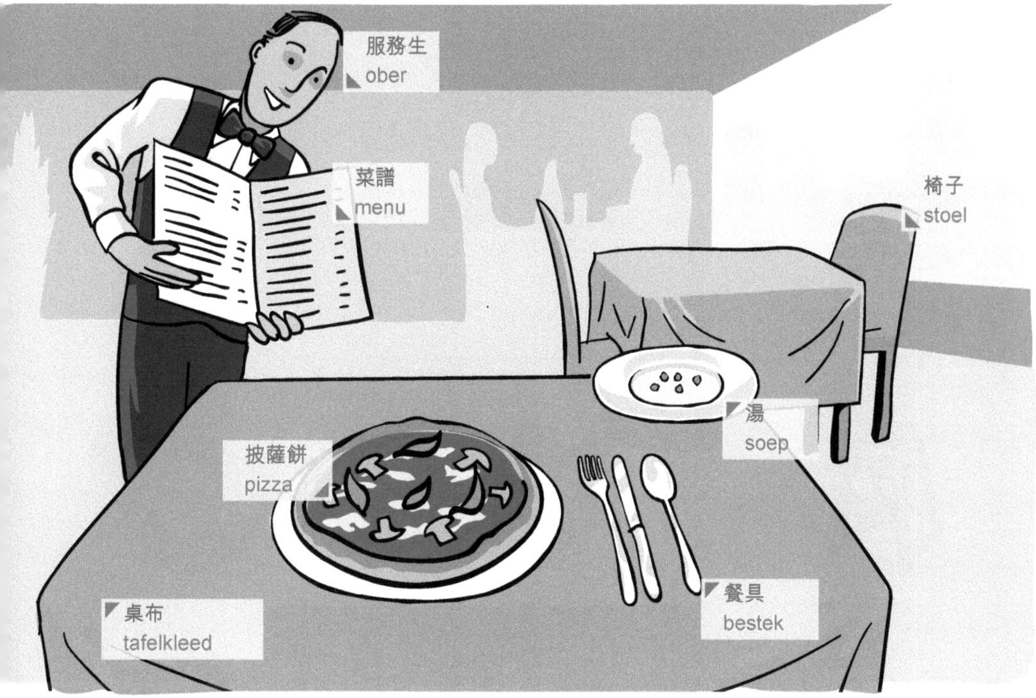

前菜

voorgerecht

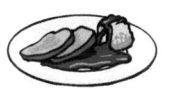

主菜

hoofdgerecht

甜點

nagerecht

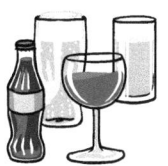

飲料

drankjes

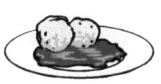

食物

eten

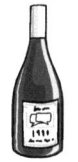

瓶子

fles

速食

fastfood

街邊小吃

street food

茶壺

theepot

糖盒

suikerpot

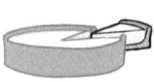

一份飯菜

portie

義式咖啡機

espressomachine

高腳椅

kinderstoel

帳單

rekening

托盤

dienblad

刀

mes

餐叉

vork

勺子

lepel

茶匙

theelepel

餐巾

serviette

玻璃杯

glas

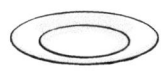

碟子
bord

湯盤
soepbord

碟子
schoteltje

醬
saus

鹽瓶
zoutvatje

胡椒研磨罐
pepermolen

醋
azijn

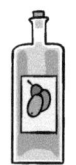

食用油
olie

調味料
kruiden

番茄醬
ketchup

芥末
mosterd

美乃滋
mayonaise

超市

supermarkt

特價
aanbieding
FOR
顧客
klant
乳製品
zuivelproducten
水果
fruit
購物車
winkelwagen

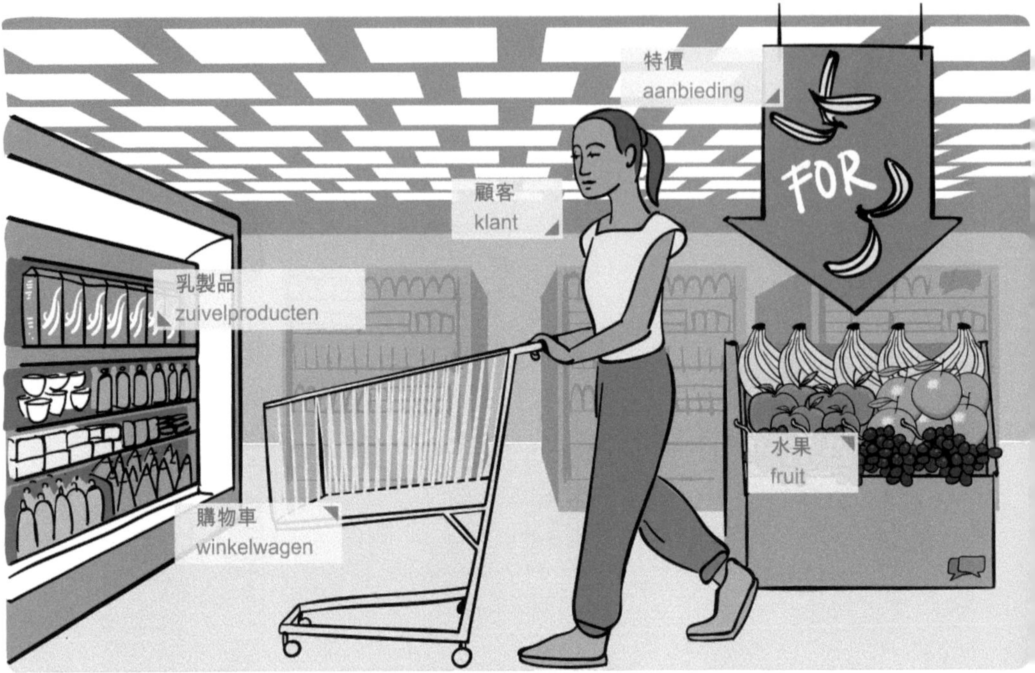

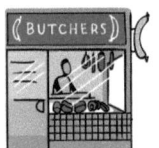

BUTCHERS

肉鋪

slagerij

BAKERY

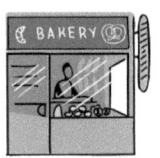

麵包店

bakkerij

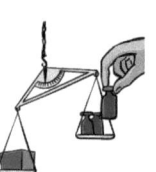

稱重

wegen

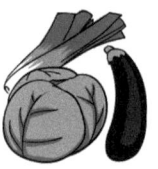

蔬菜

groenten

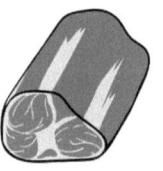

肉

vlees

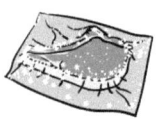

冷凍食品

diepvriesvoedsel

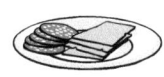

冷盤
charcuterie

罐頭食品
conserven

洗衣粉
waspoeder

甜食
snoep

日用品
huishoudproducten

清潔用品
schoonmaakproducten

銷售員
verkoopster

收銀機
kassa

收銀員
kassier

購物清單
boodschappenlijstje

開放時間
openingstijden

錢包
portefeuille

信用卡
kredietkaart

袋子
tas

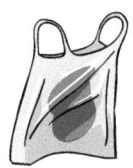

塑膠袋
plastieken zakje

水

water

果汁

sap

牛奶

melk

可樂

cola

紅酒

wijn

啤酒

bier

酒

alcohol

可可

cacao

茶

thee

咖啡

koffie

義式濃縮咖啡

espresso

卡布奇諾

cappuccino

香蕉

banaan

蘋果

appel

柳丁

sinaasappel

西瓜

meloen

檸檬

citroen

胡蘿蔔

wortel

大蒜

knoflook

竹子

bamboe

洋蔥

ajuin

蘑菇

champignon

堅果

noten

麵條

noodles

義大利麵

spaghetti

米飯

rijst

沙拉

salade

薯條

frieten

炸馬鈴薯

gebakken aardappelen

披薩餅

pizza

漢堡

hamburger

三明治

sandwich

炸豬排

kalfslapje

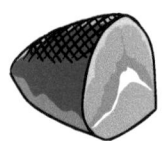

火腿

ham

義大利臘腸

salami

香腸

worst

雞肉

kip

烤肉

braden

魚

vis

燕麥片

havervlokken

木斯里

muesli

玉米片

cornflakes

麵粉

bloem

牛角麵包

croissant

麵包捲

pistolet

麵包

brood

吐司

toast

餅乾

koekjes

奶油

boter

凝乳

kwark

蛋糕

taart

蛋

ei

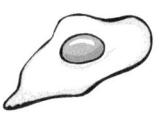

煎蛋

spiegelei

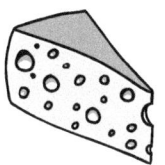

起司

kaas

冰淇淋

ijs

糖

suiker

蜂蜜

honing

果醬

confituur

巧克力醬

choco

咖哩

curry

農場
boerderij

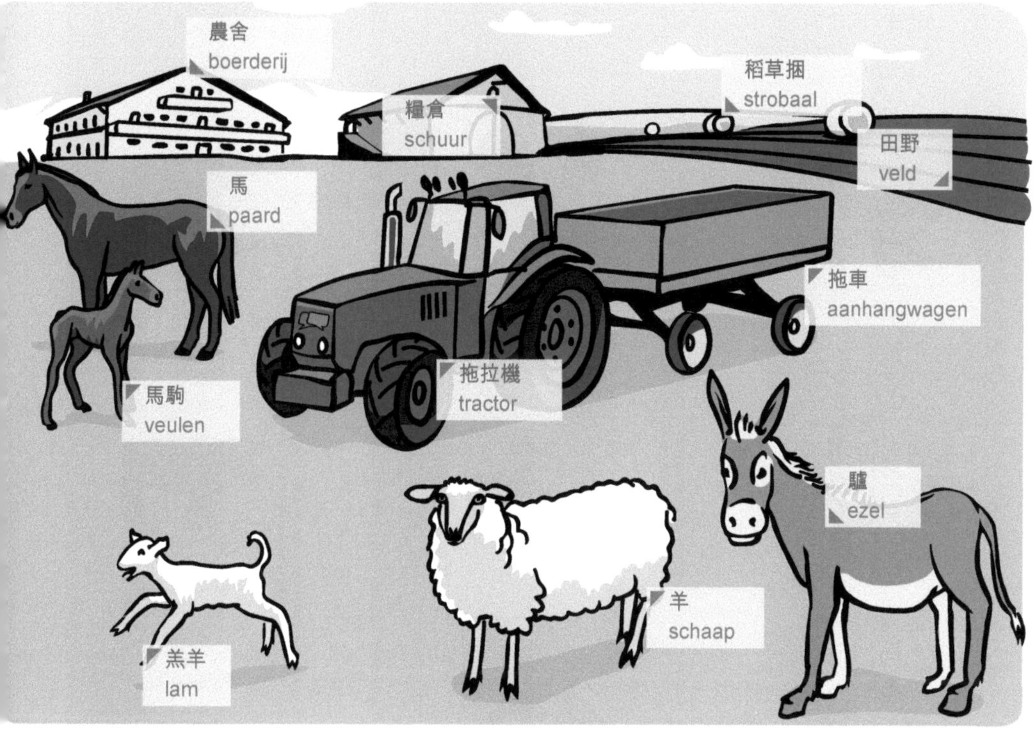

農舍
boerderij
糧倉
schuur
稻草捆
strobaal
田野
veld
馬
paard
拖車
aanhangwagen
拖拉機
tractor
馬駒
veulen
驢
ezel
羊
schaap
羔羊
lam

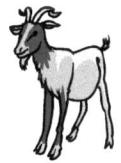

山羊
geit

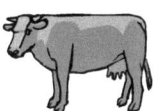

奶牛
koe

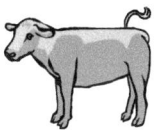

小牛
kalf

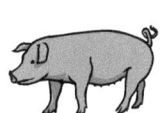

豬
varken

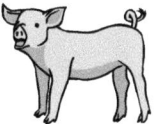

小豬
biggetje

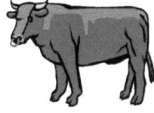

公牛
stier

鵝
gans

鴨
eend

小雞
kuiken

母雞
kip

公雞
haan

鼠
rat

貓
kat

老鼠
muis

牛
os

狗
hond

狗屋
hondenhok

花園澆水軟管
tuinslang

澆水壺
gieter

長柄大鐮刀
zeis

犁
ploeg

鐮刀

sikkel

鋤頭

schoffel

長柄草耙

hooivork

斧頭

bijl

獨輪手推車

kruiwagen

飼料槽

trog

牛奶罐

melkkan

麻布袋

zak

柵欄

hek

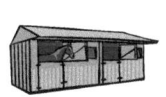

馬廐

stal

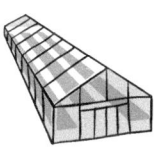

溫室

broeikas

土壤

bodem

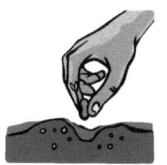

種子

zaad

肥料

mest

聯合收割機

maaidorser

收割
oogsten

收割
oogst

地瓜
yam

小麥
tarwe

大豆
soja

土豆
aardappel

玉米
maïs

油菜籽
koolzaad

果樹
fruitboom

樹薯
maniok

穀物
graan

房子

huis

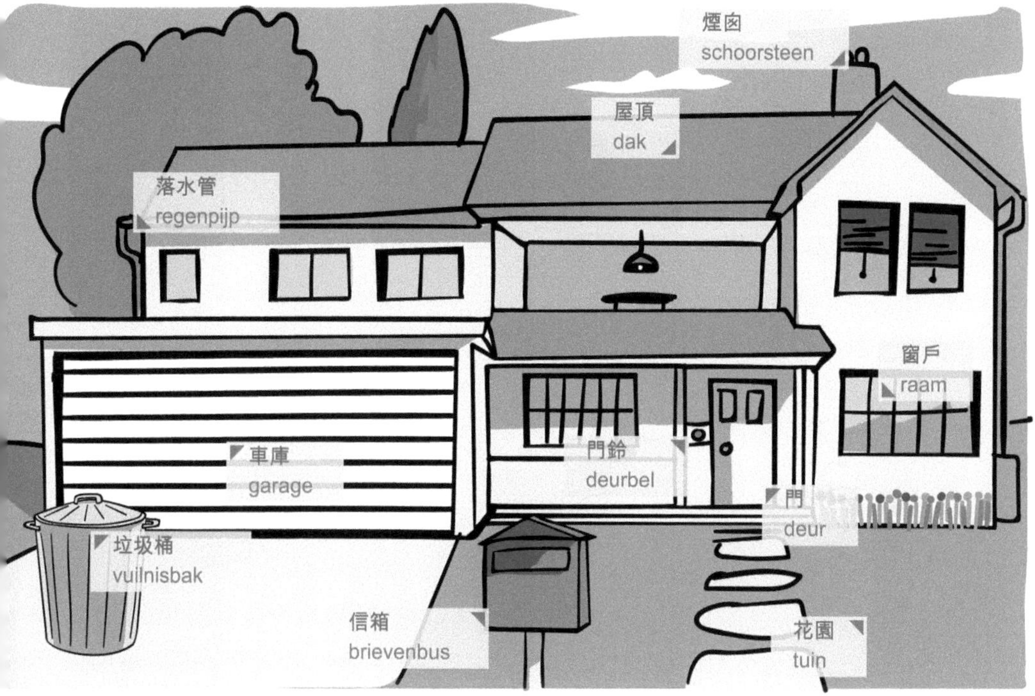

煙囪
schoorsteen
屋頂
dak
落水管
regenpijp
窗戶
raam
車庫
garage
門鈴
deurbel
門
deur
垃圾桶
vuilnisbak
信箱
brievenbus
花園
tuin

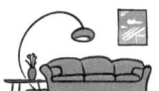

客廳

woonkamer

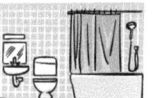

浴室

badkamer

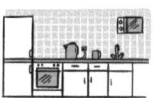

廚房

keuken

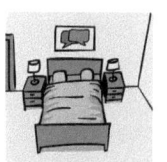

臥室

slaapkamer

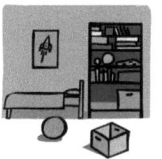

兒童房

kinderkamer

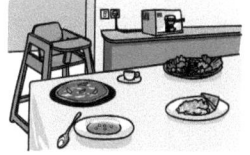

餐廳

eetkamer

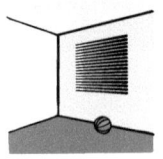

地板

vloer

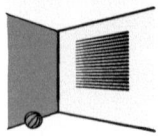

牆壁

muur

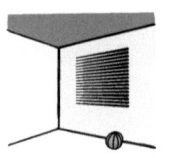

天花板

plafond

地窖

kelder

三溫暖

sauna

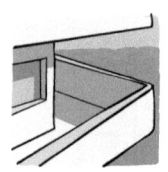

陽臺

balkon

露臺

terras

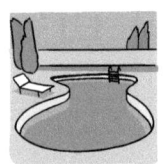

游泳池

zwembad

割草機

grasmaaier

被單

dekbedovertrek

床罩

dekbed

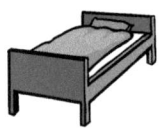

床

bed

掃帚

bezem

水桶

emmer

開關

schakelaar

客廳
woonkamer

壁紙
behangpapier
相片
foto
檯燈
lamp
擱架
schap
櫥櫃
kast
電視
televisie
壁爐
open haard
花
bloem
墊子
kussen
沙發
sofa
花瓶
vaas
遙控器
afstandsbediening

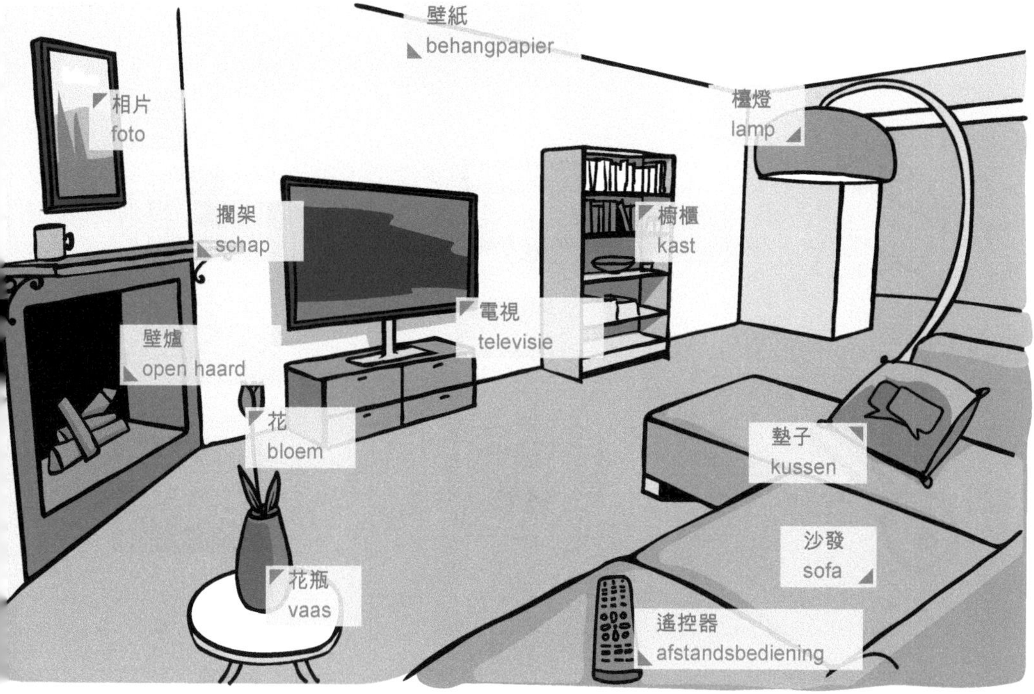

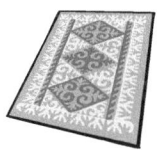

地毯
mat

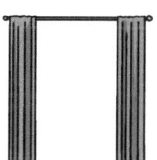

窗簾
gordijn

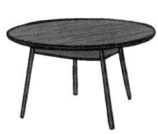

餐桌
tafel

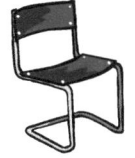

椅子
stoel

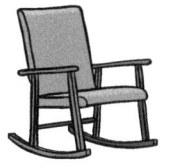

搖椅
schommelstoel

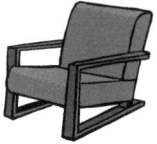

扶手椅
fauteuil

書
boek

毯子
deken

裝飾品
decoratie

木柴
brandhout

電影
film

高傳真音響
stereo-installatie

鑰匙
sleutel

報紙
krant

油畫
schilderij

海報
poster

收音機
radio

筆記本
notitieboekje

吸塵器
stofzuiger

仙人掌
cactus

蠟燭
kaars

廚房

keuken

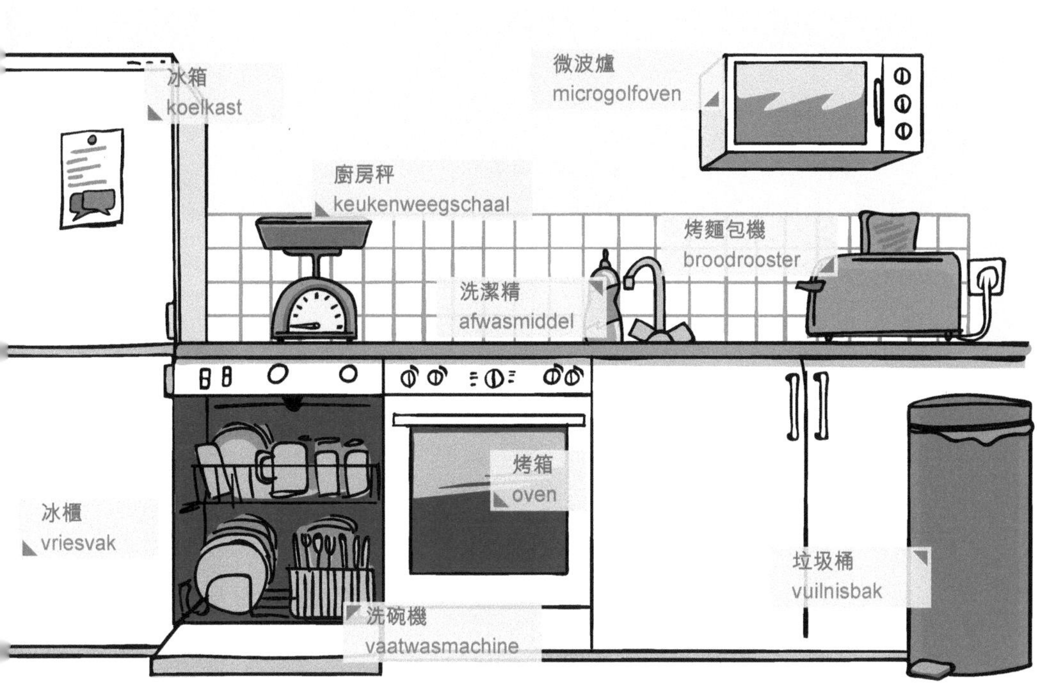
冰箱
koelkast
微波爐
microgolfoven
廚房秤
keukenweegschaal
烤麵包機
broodrooster
洗潔精
afwasmiddel
烤箱
oven
冰櫃
vriesvak
垃圾桶
vuilnisbak
洗碗機
vaatwasmachine

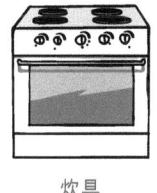

炊具

fornuis

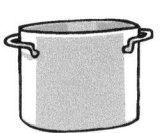

鍋

pot

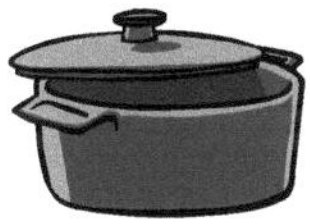

鑄鐵鍋

gietijzeren pot

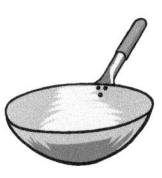

炒鍋

wok / kadai

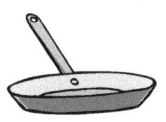

平底鍋

pan

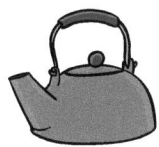

水壺

waterkoker

蒸鍋

stoomkoker

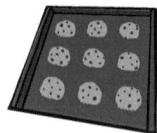

烤盤

bakplaat

陶瓷鍋

servies

馬克杯

mok

碗

kom

筷子

eetstokjes

長柄勺

pollepel

鏟子

spatel

攪拌器

garde

濾網

vergiet

篩子

zeef

磨碎機

rasp

研缽

mortier

燒烤

barbecue

明火

haardvuur

菜板

snijplank

擀麵杖

deegrol

開瓶器

kurkentrekker

罐子

blik

開罐器

blikopener

隔熱手套

pannenlap

水槽

gootsteen

刷子

borstel

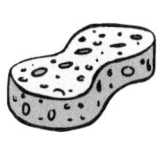

海綿

spons

攪拌機

blender

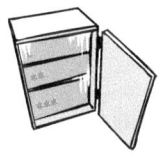

冷藏箱

vriezer

奶瓶

papfles

水龍頭

kraan

浴室

badkamer

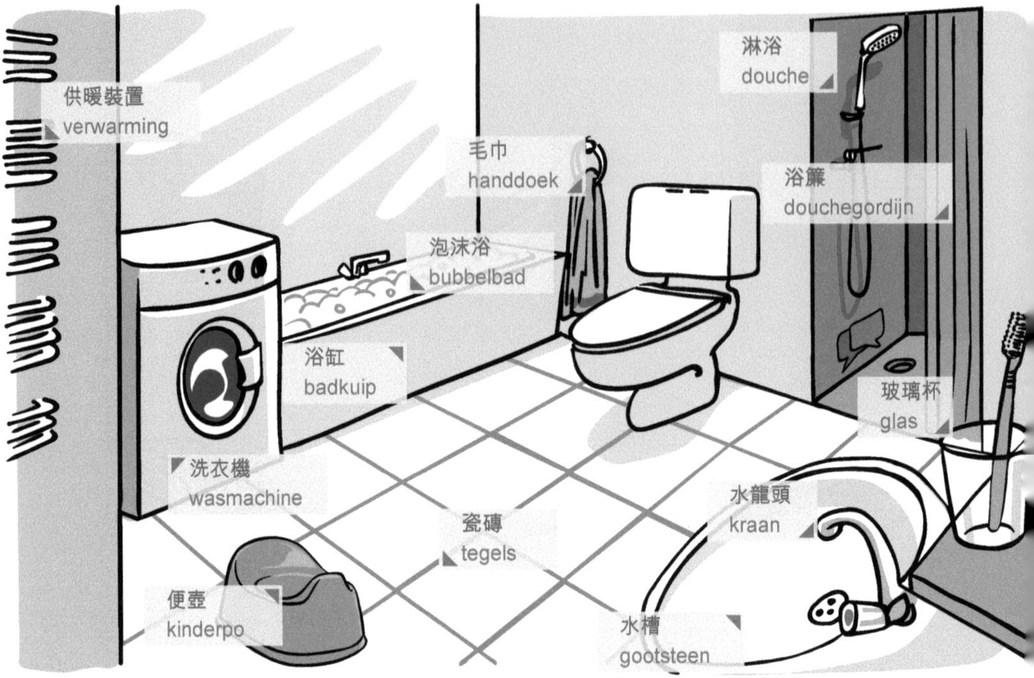

供暖裝置
verwarming
毛巾
handdoek
淋浴
douche
浴簾
douchegordijn
泡沫浴
bubbelbad
浴缸
badkuip
洗衣機
wasmachine
玻璃杯
glas
水龍頭
kraan
瓷磚
tegels
便壺
kinderpo
水槽
gootsteen

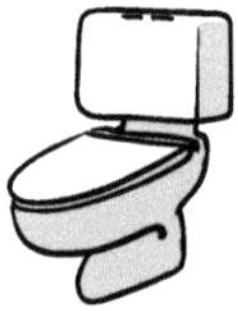

廁所

toilet

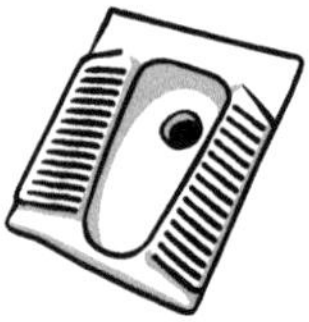

蹲便器

hurktoilet

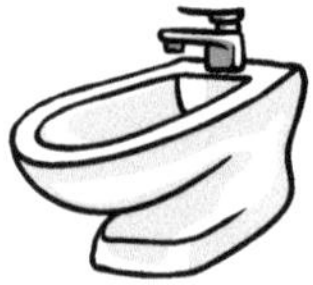

坐浴器

bidet

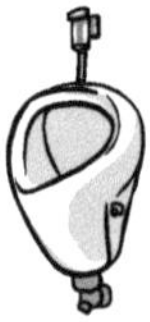

小便斗

urinoir

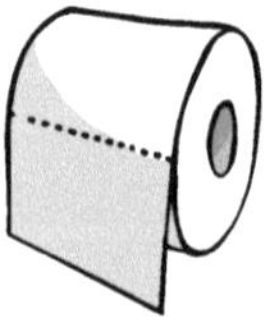

廁紙

toiletpapier

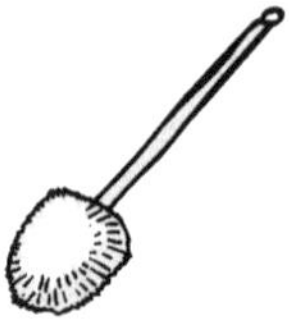

馬桶刷

toiletborstel

牙刷
tandenborstel

牙膏
tandpasta

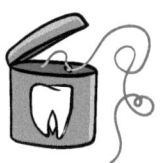

牙線
flosdraad

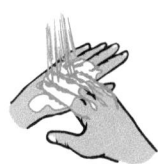

洗
wassen

手持式蓮蓬頭
handdouche

沖洗器
bidethanddouche

洗臉盆
waskom

洗背刷
rugborstel

肥皂
zeep

沐浴露
douchegel

洗髮乳
shampoo

法蘭絨
washandje

排水
afvoer

乳霜
crème

除臭劑
deodorant

鏡子

spiegel

手鏡

handspiegel

刮鬍刀

scheermes

刮鬍泡沫

scheerschuim

鬍後水

aftershave

梳子

kam

刷子

borstel

吹風機

haardroger

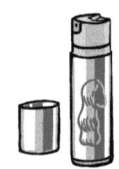

噴髮定型劑

haarlak

化妝品

make-up

唇膏

lippenstift

指甲油

nagellak

化妝棉

watten

指甲剪

nagelknipper

香水

parfum

洗漱包

toilettas

凳子

kruk

計重秤

weegschaal

浴袍

badjas

橡膠手套

latex handschoenen

衛生棉條

tampon

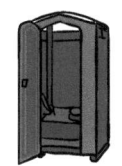

衛生棉

maandverband

化學廁所

chemisch toilet

兒童房
kinderkamer

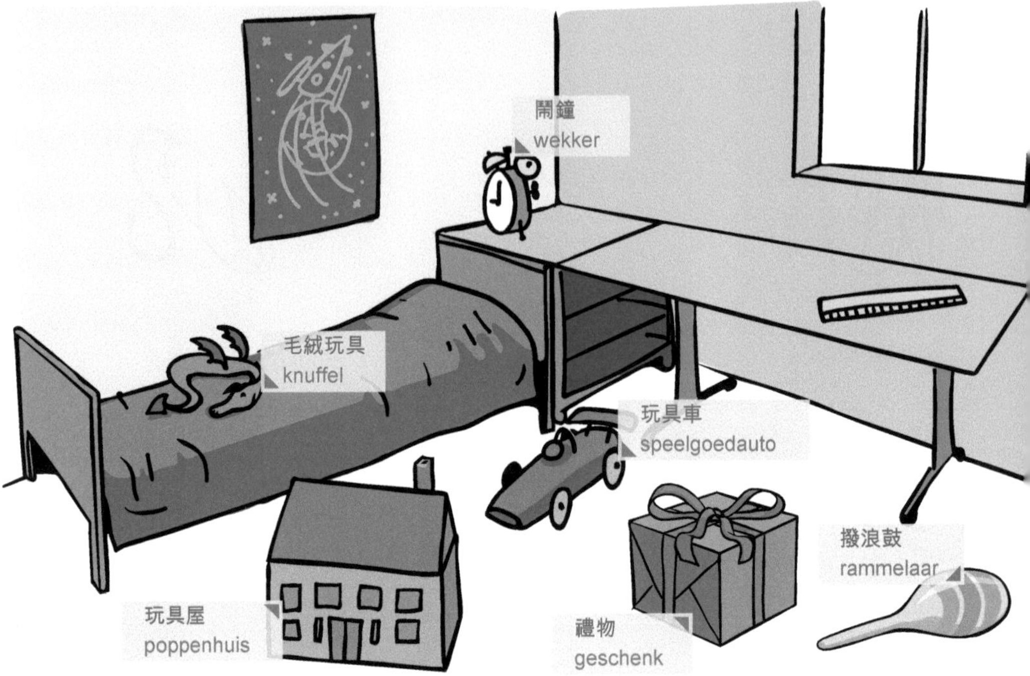

鬧鐘
wekker
毛絨玩具
knuffel
玩具車
speelgoedauto
撥浪鼓
rammelaar
玩具屋
poppenhuis
禮物
geschenk

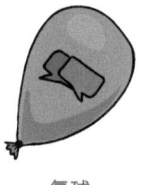

氣球

ballon

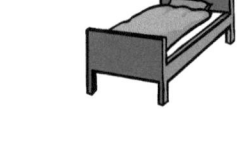

床

bed

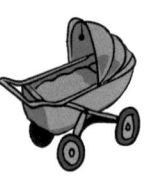

嬰兒車

kinderwagen

撲克牌

spel kaarten

拼圖

puzzel

SUPER
MEGA

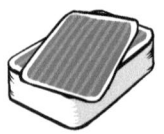

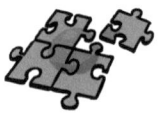

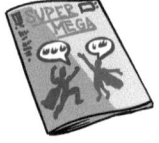

漫畫

stripboek

樂高積木

legoblokjes

積木玩具

blokken

公仔

actiefiguur

嬰兒服

kruippakje

飛盤

frisbee

床鈴玩具

mobiel

棋盤遊戲

bordspel

骰子

dobbelsteen

火車模型

modelspoorweg

安撫奶嘴

fopspeen

派對

feest

繪本

prentenboek

球

bal

洋娃娃

pop

玩

spelen

沙坑
zandbak

鞦韆
schommel

玩具
speelgoed

電玩遊戲
spelconsole

三輪車
driewieler

泰迪熊
knuffelbeer

衣櫃
kleerkast

衣服
kleding

襪子
sokken

長襪
kousen

緊身褲
maillot

圍巾
sjaal

皮帶
riem

雨傘
paraplu

T恤
T-shirt

運動鞋
sneakers

靴子
laarzen

拖鞋
slippers

涼鞋
sandalen

鞋
schoenen

雨靴
rubberlaarzen

內褲
onderbroek

胸罩
beha

背心
onderhemd

衣服 - kleding

身體
lichaam

褲子
broek

牛仔褲
jeans

短裙
rok

女式襯衫
blouse

襯衫
hemd

套頭衫
trui

連帽上衣
capuchontrui

西裝夾克
blazer

夾克
jas

外套
jas

雨衣
regenjas

套裝
kostuum

連衣裙
jurk

婚紗
trouwjurk

西裝

pak

睡袍

nachthemd

睡衣

pyjama

莎麗

sari

頭巾

hoofddoek

包頭巾

tulband

波卡

boerka

卡夫坦

kaftan

(阿拉伯式)長袍

abaya

泳衣

badpak

男式泳褲

zwembroek

短褲

short

運動服

trainingspak

圍裙

schort

手套

handschoenen

鈕扣

knoop

眼鏡

bril

手鏈

armband

項鍊

ketting

戒指

ring

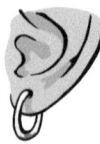

耳環

oorbel

便帽

pet

衣架

kapstok

帽子

hoed

領帶

das

拉鍊

rits

安全帽

helm

背帶

bretellen

校服

schooluniform

制服

uniform

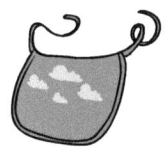

圍兜
slabbetje

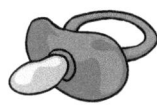

安撫奶嘴
fopspeen

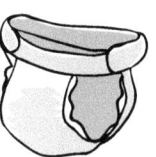

尿布
luier

辦公室
kantoor

伺服器
server
檔案櫃
dossierkast
印表機
printer
紙
papier
螢幕
monitor
辦公桌
bureau
滑鼠
muis
資料夾
map
鍵盤
toestenbord
廢紙簍
papiermand
電腦
computer
椅子
stoel

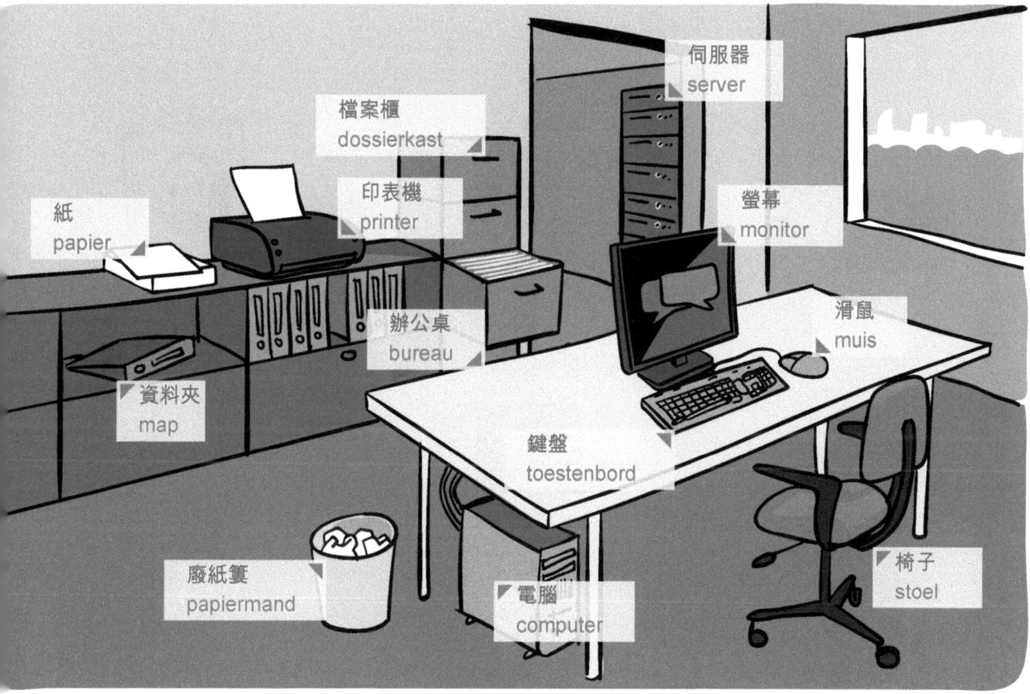

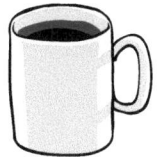

咖啡杯
koffiemok

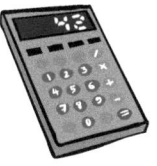

計算機
rekenmachine

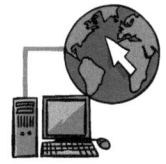

網際網路
internet

筆記型電腦

laptop

信件

brief

簡訊

bericht

行動電話

gsm

網路

netwerk

影印機

kopieerapparaat

軟體

software

電話

telefoon

插座

stopcontact

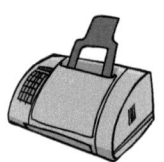

傳真機

fax

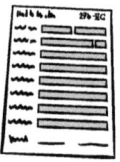

表格

formulier

檔案

document

買

kopen

付錢

betalen

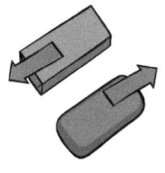

交易

handelen

現金

geld

美元

dollar

歐元

euro

日元

yen

盧布

roebel

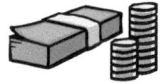

瑞士法郎

Zwitserse frank

人民幣

Chinese renminbi

盧比

roepie

提款處

geldautomaat

外幣兌換處

wisselkantoor

金

goud

銀

zilver

石油

olie

能源

energie

價格

prijs

合約

contract

稅金

belasting

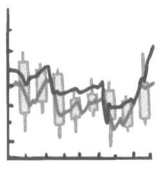

股票

aandeel

工作

werken

職員

werknemer

老闆

werkgever

工廠

fabriek

商店

winkel

職業
beroepen

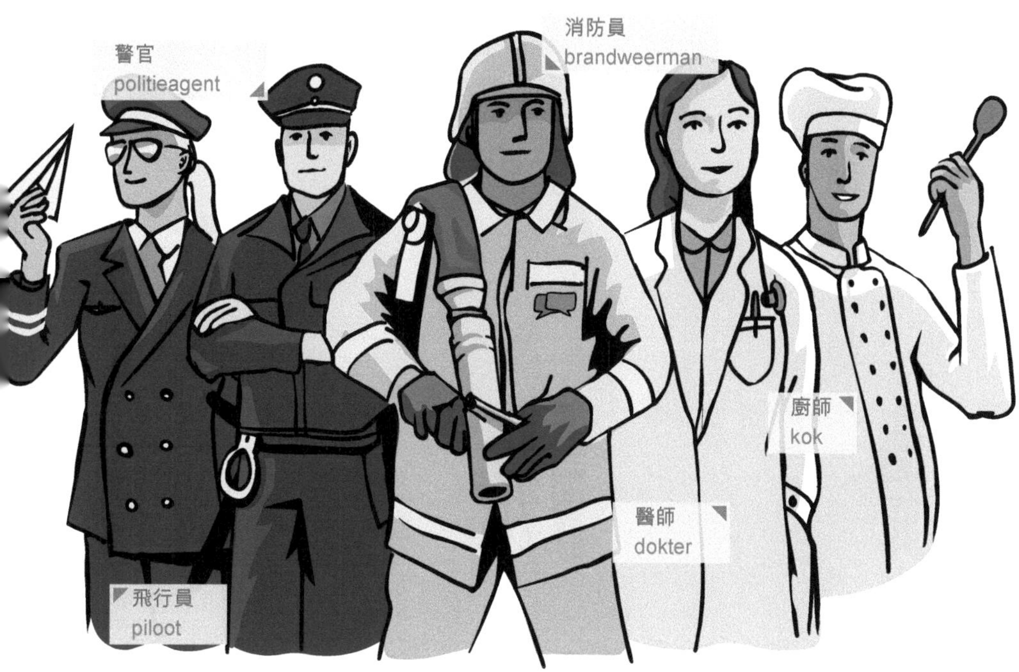

警官
politieagent
消防員
brandweerman
廚師
kok
醫師
dokter
飛行員
piloot

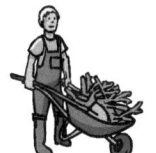

園丁

tuinman

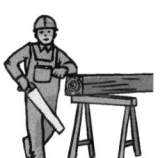

木匠

timmerman

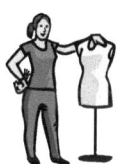

裁縫

naaister

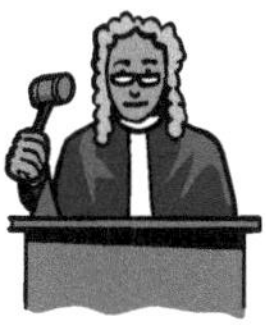

法官

rechter

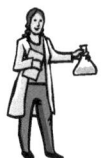

化學家

chemicus

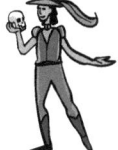

演員

acteur

公車司機

buschauffeur

計程車司機

taxichauffeur

漁夫

visser

清洗女工

schoonmaakster

屋頂工

dakdekker

服務生

ober

獵人

jager

畫家

schilder

麵包師

bakker

電工

elektricien

建築工人

bouwvakker

工程師

ingenieur

屠夫

slager

水管工

loodgieter

郵差

postbode

士兵

soldaat

建築師

architect

收銀員

kassier

花農

bloemist

理髮師

kapper

售票員

conducteur

機械技師

mecanicien

船長

kapitein

牙醫

tandarts

科學家

wetenschapper

拉比

rabbijn

伊瑪目

imam

和尚

monnik

牧師

geestelijke

工具

werktuigen

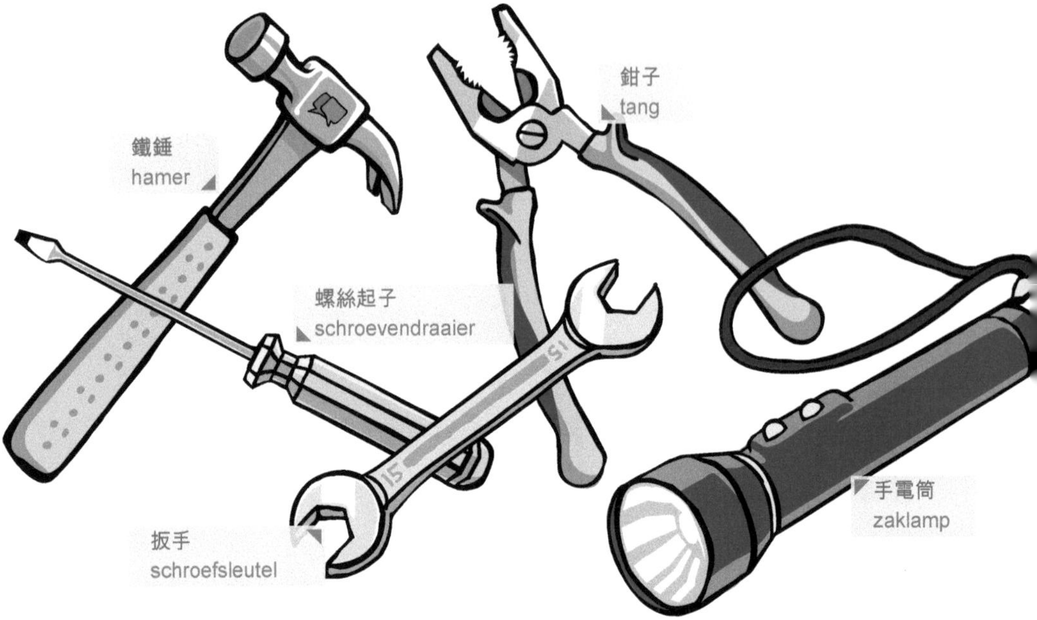
鐵鎚
hamer
鉗子
tang
螺絲起子
schroevendraaier
扳手
schroefsleutel
手電筒
zaklamp

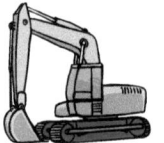

挖掘機

graafmachine

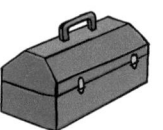

工具箱

gereedschapskoffer

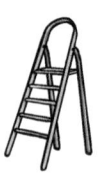

梯子

ladder

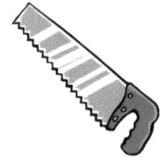

鋸子

zaag

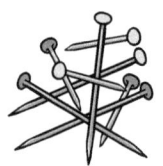

釘子

spijkers

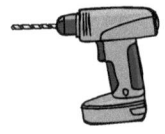

鑽機

boormachine

修

repareren

鏟子

schop

糟糕！

Verdomme!

畚箕

blik

油漆桶

verfpot

螺絲

schroeven

樂器

muziekinstrumenten

揚聲器
luidspreker

打擊樂器
drumstel ▼

吉他
gitaar ◢

▲低音提琴
contrabas

小號
trompet

鋼琴

piano

小提琴

viool

貝斯

basgitaar

定音鼓

pauk

鼓

trommels

電子琴

keyboard

薩克斯風

saxofoon

長笛

fluit

麥克風

microfoon

動物園

ZOO

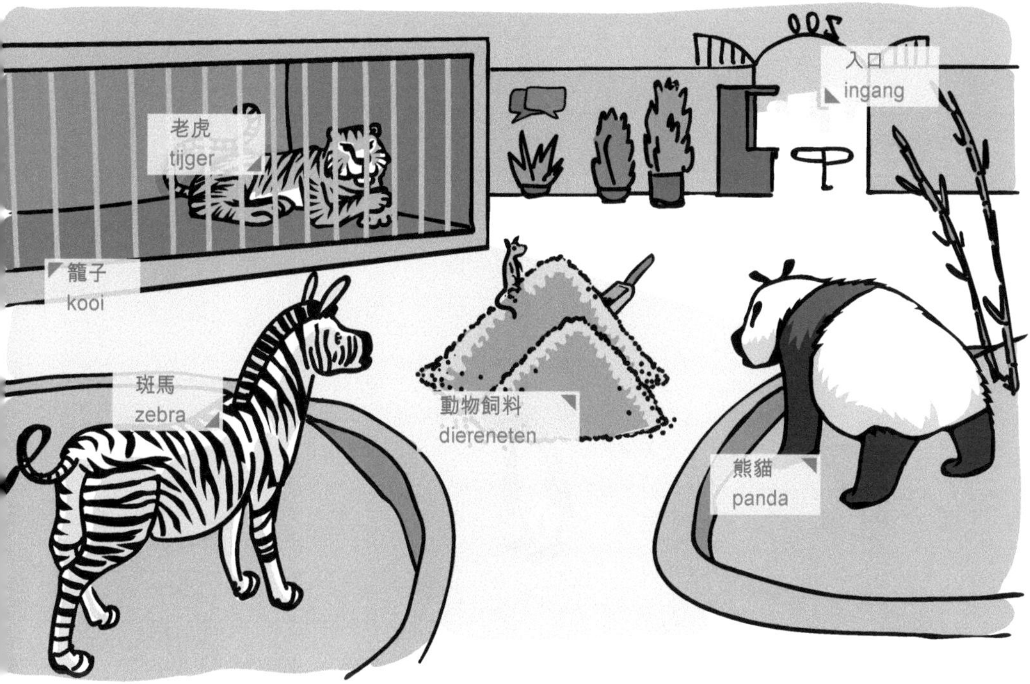

ZOO
入口
ingang
老虎
tijger
籠子
kooi
斑馬
zebra
動物飼料
diereneten
熊貓
panda

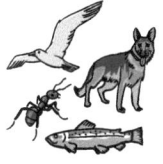

動物

dieren

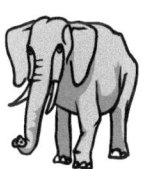

大象

olifant

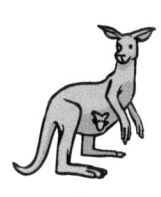

袋鼠

kangoeroe

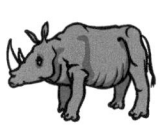

犀牛

neushoorn

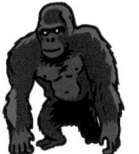

大猩猩

gorilla

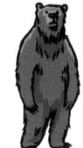

熊

beer

駱駝

kameel

鴕鳥

struisvogel

獅子

leeuw

猴子

aap

紅鶴

flamingo

鸚鵡

papegaai

北極熊

ijsbeer

企鵝

pinguïn

鯊魚

haai

孔雀

pauw

蛇

slang

鱷魚

krokodil

動物園管理員

dierenverzorger

海豹

zeehond

美洲豹

jaguar

矮種馬
pony

豹
luipaard

河馬
nijlpaard

長頸鹿
giraffe

老鷹
adelaar

野豬
wild zwijn

魚
vis

龜
zeeschildpad

海象
walrus

狐狸
vos

羚羊
gazelle

橄欖球
rugby

騎腳踏車
wielrennen

網球
tennis

籃球
basketbal

游泳
zwemmen

拳擊
boksen

冰球
ijshockey

美式足球
voetbal

羽毛球
badminton

田徑
atletiek

手球
handbal

滑雪
skiën

馬球
polo

跳
springen

擁抱
knuffelen

笑
lachen

走路
wandelen

唱
zingen

祈禱
bidden

親吻
kussen

做夢
dromen

書寫
schrijven

畫
tekenen

展示
tonen

推
duwen

給
geven

拿
nemen

有
hebben

做
doen

當
zijn

站
staan

跑
lopen

拉
trekken

丟
gooien

摔倒
vallen

躺
liggen

等待
wachten

攜帶
dragen

坐
zitten

穿衣
aankleden

睡覺
slapen

醒來
ontwaken

看
kijken naar

哭
wenen

擊
aaien

梳頭
kammen

交談
praten

明白
begrijpen

問
vragen

聽
luisteren

喝
drinken

吃
eten

清理
opruimen

愛
houden van

做飯
koken

開車
rijden

飛
vliegen

航行

zeilen

計算

rekenen

讀

Lezen

學習

leren

工作

werken

結婚

trouwen

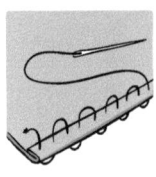

縫

naaien

刷牙

tandenpoetsen

殺

doden

抽菸

roken

寄

sturen

familie

祖母
grootmoeder

祖父
grootvader

父親
vader

母親
moeder

嬰兒
baby

女兒
dochter

兒子
zoon

客人

gast

阿姨

tante

叔叔

oom

兄弟

broer

姐妹

zus

身體

lichaam

前額
voorhoofd
眼睛
oog
肩膀
schouder
手指
vinger
臉
gezicht
下巴
kin
手
hand
腿
been
乳房
borst
手臂
arm

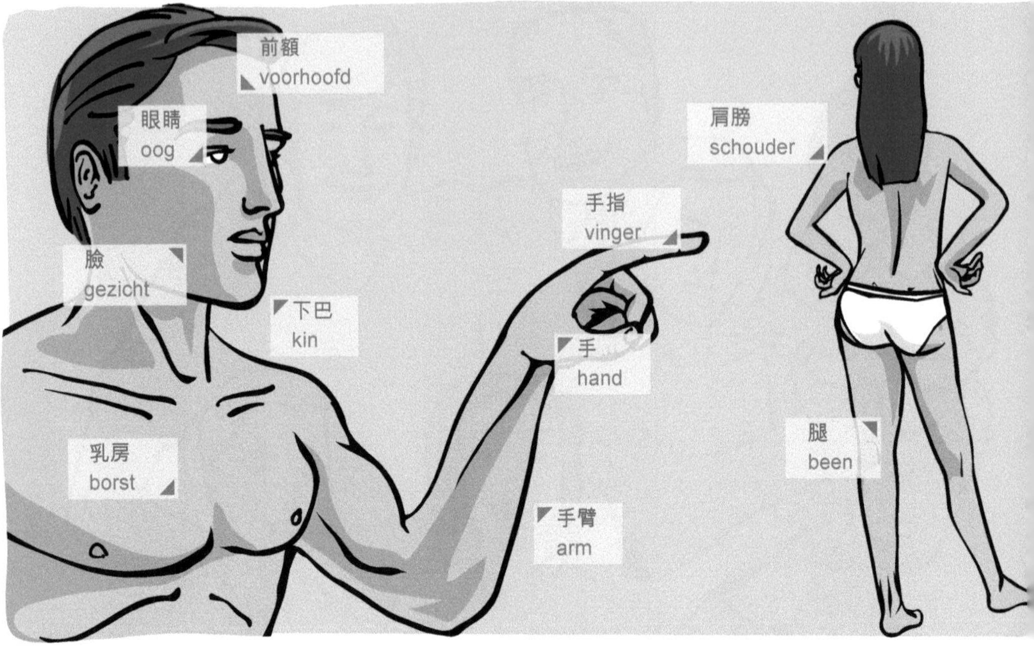

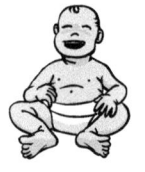

嬰兒
baby

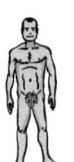

男人
man

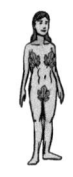

女人
vrouw

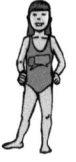

女孩
meisje

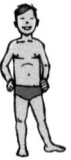

男孩
jongen

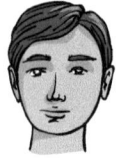

頭
hoofd

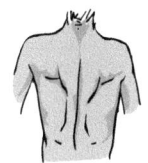

背部
rug

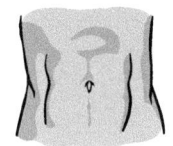

肚子
buik

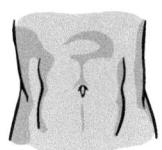

肚臍
navel

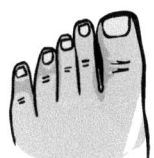

腳趾
teen

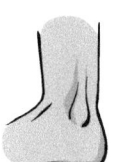

腳後跟
hiel

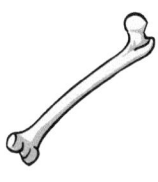

骨頭
bot

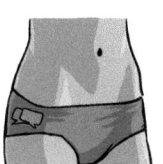

臀部
heup

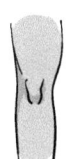

膝蓋
knie

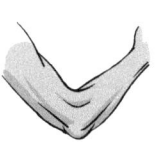

手肘
elleboog

鼻子
neus

屁股
zitvlak

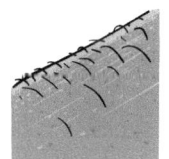

皮膚
huid

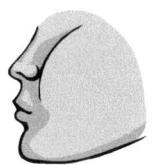

臉頰
wang

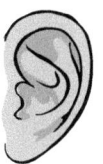

耳朵
oor

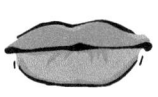

嘴唇
lip

嘴
mond

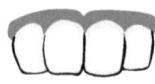

牙齒
tand

舌頭
tong

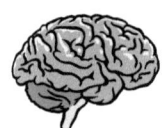

腦
hersenen

心臟
hart

肌肉
spier

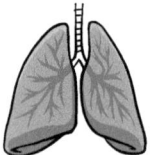

肺
long

肝臟
lever

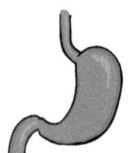

胃
maag

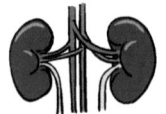

腎臟
nieren

性交
seks

保險套
condoom

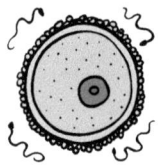

卵子
eicel

精子
sperma

懷孕
zwangerschap

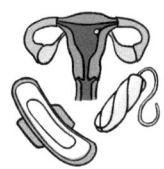

月事

menstruatie

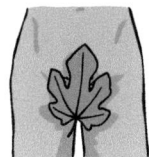

陰道

vagina

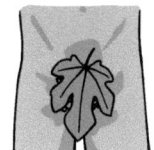

陰莖

penis

眉毛

wenkbrauw

頭髮

haar

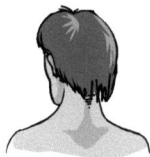

脖子

nek

醫院
ziekenhuis

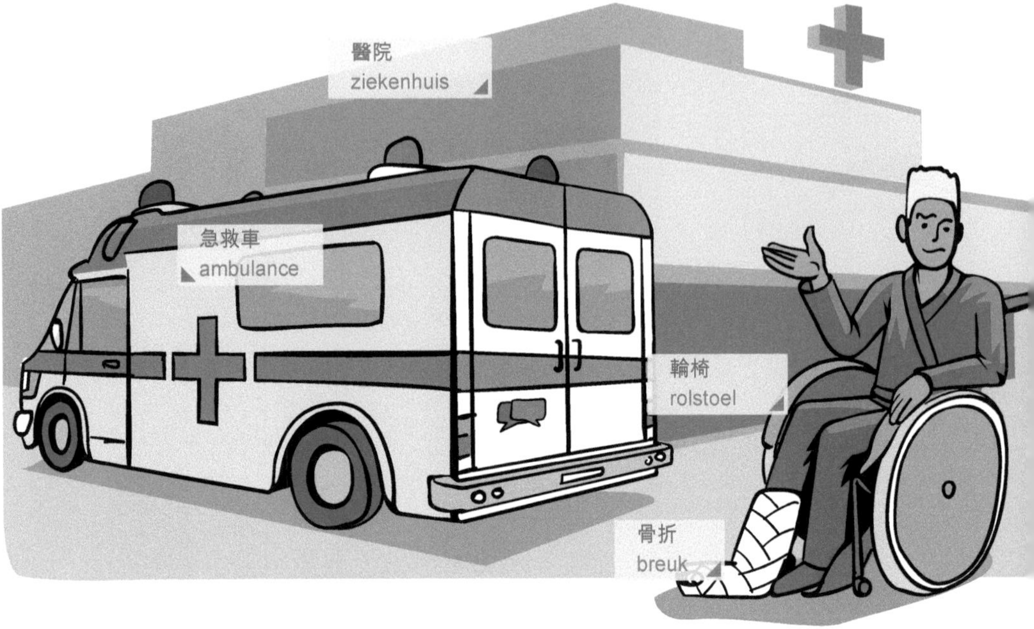

醫院
ziekenhuis
急救車
ambulance
輪椅
rolstoel
骨折
breuk

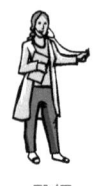

醫師
dokter

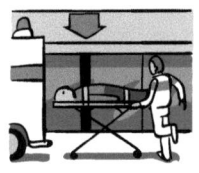

急診室
spoed

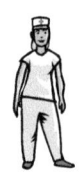

護理師
verpleegkundige

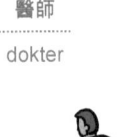

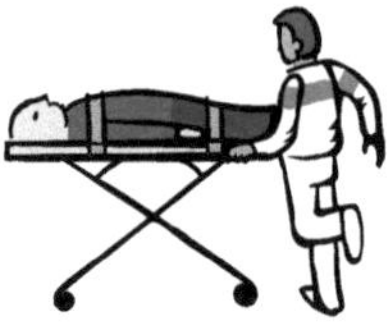

緊急情形
noodgeval

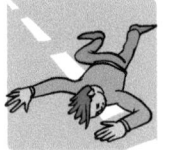

昏迷
bewusteloos

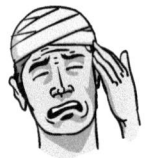

痛
pijn

受傷

verwonding

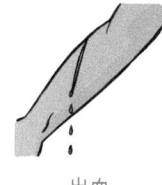

出血

bloeding

心臟病發作

hartaanval

中風

beroerte

過敏

allergie

咳嗽

hoest

發燒

koorts

流感

griep

腹瀉

diarree

頭痛

hoofdpijn

癌症

kanker

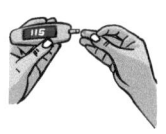

糖尿病

diabetes

外科醫師

chirurg

手術刀

scalpel

手術

operatie

電腦斷層掃描

CT

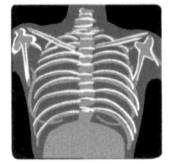

X光

röntgenstraal

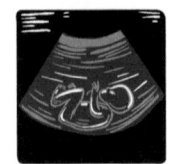

超音波

ultrageluid

口罩

gezichtsmasker

疾病

ziekte

候診室

wachtkamer

拐杖

kruk

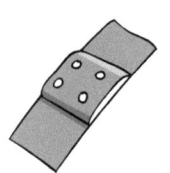

石膏

pleister

繃帶

verband

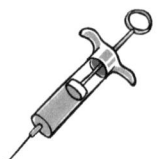

注射

injectie

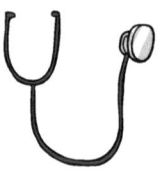

聽診器

stethoscoop

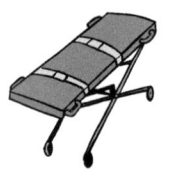

擔架

brancard

體溫計

thermometer

出生

geboorte

超重

overgewicht

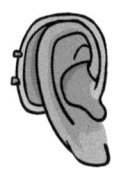

助聽器

hoorapparaat

消毒液

ontsmettingsmiddel

感染

infectie

病毒

virus

愛滋病

HIV / AIDS

藥物

medicijn

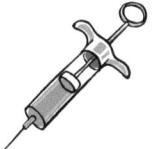

接種疫苗

vaccinatie

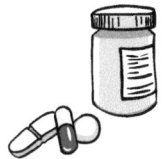

藥片

tabletten

藥丸

pil

急救電話

noodoproep

血壓計

bloeddrukmeter

生病/健康

ziek / gezond

救命！

Help!

警報

alarm

突擊

overval

攻擊

aanval

危險

gevaar

緊急出口

nooduitgang

失火了！

Brand!

滅火器

brandblusser

意外

ongeval

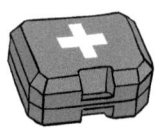

急救箱

EHBO-kit

呼救訊號

SOS

員警

politie

歐洲

Europa

北美洲

Noord-Amerika

南美洲

Zuid-Amerika

非洲

Afrika

亞洲

Azië

澳洲

Australië

大西洋

Atlantische Oceaan

太平洋

Stille Oceaan

印度洋

Indische Oceaan

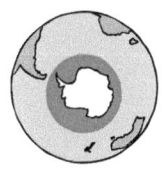

南冰洋

Antarctische Oceaan

北冰洋

Arctische Oceaan

北極

Noordpool

南極
Zuidpool

南極洲
Antarctica

地球
aarde

陸地
land

海
zee

島
eiland

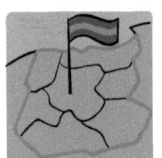

國家
natie

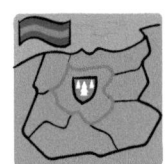

州
staat

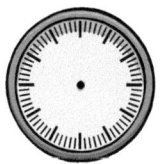

錶盤

wijzerplaat

時針

uurwijzer

分針

minuutwijzer

秒針

secondewijzer

現在幾點？

Hoe laat is het?

天

dag

時間

tijd

現在

nu

電子錶

digitale horloge

分

minuut

時

uur

週
week

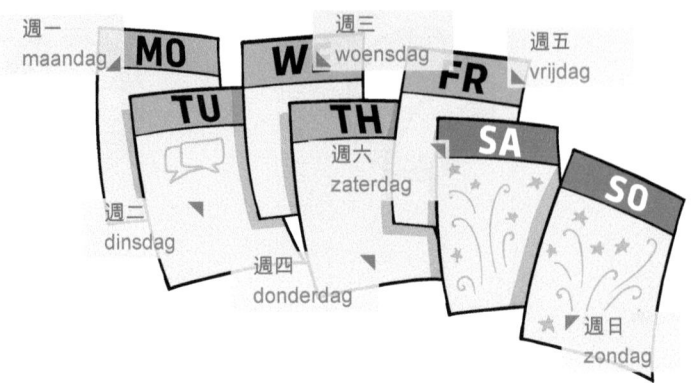

週一 maandag
週二 dinsdag
週三 woensdag
週四 donderdag
週五 vrijdag
週六 zaterdag
週日 zondag

昨天

gisteren

今天

vandaag

明天

morgen

早晨

ochtend

中午

middag

晚上

avond

工作日

werkdagen

週末

weekend

雨
▶ regen

彩虹
regenboog

▶ 風
wind

雪
sneeuw

春
▶ lente

夏
zomer

秋
herfst

冬
winter

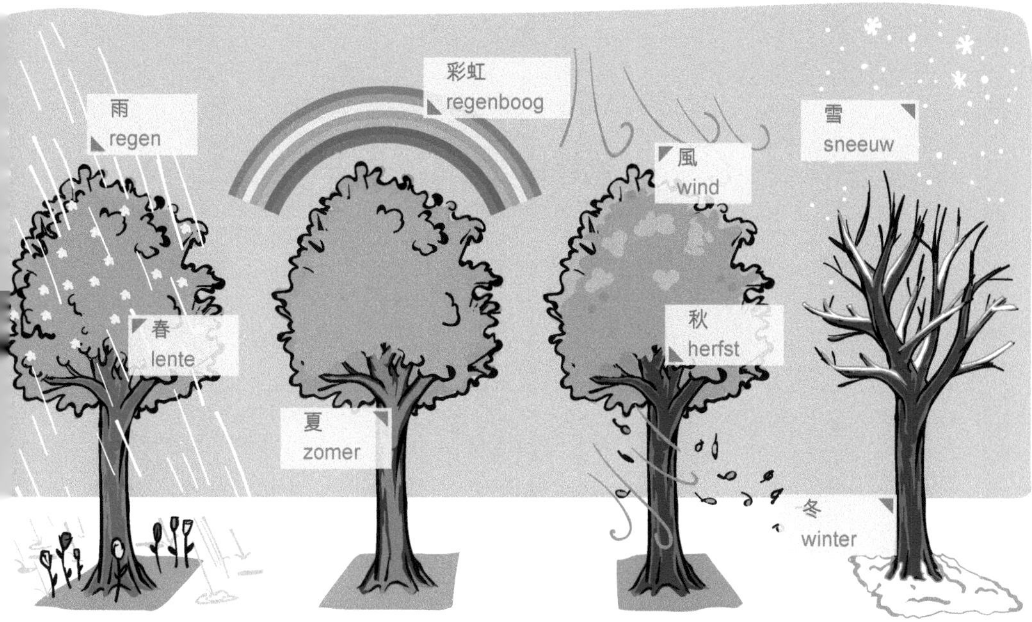

天氣預告

weervoorspelling

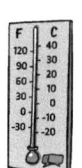

溫度計

thermometer

陽光

zonneschijn

雲

wolk

霧

mist

潮濕

vochtigheid

閃電

bliksem

打雷

donder

風暴

storm

冰雹

hagel

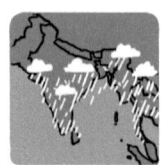

季風

moesson

洪水

overstroming

冰

ijs

一月

januari

二月

februari

三月

maart

四月

april

五月

mei

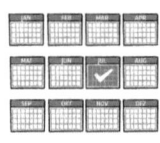

六月

juni

七月

juli

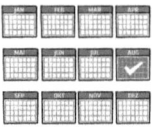

八月

augustus

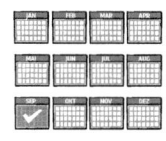

九月
....
september

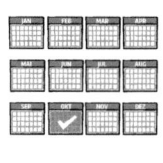

十月
....
oktober

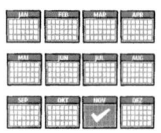

十一月
....
november

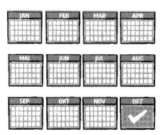

十二月
....
december

形狀

vormen

圓形
....
cirkel

正方形
....
kwadraat

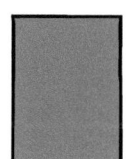

長方形
....
rechthoek

三角形
....
driehoek

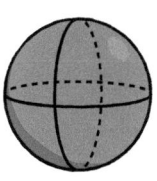

球體
....
bol

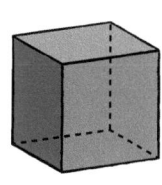

立方體
....
kubus

白
wit

黃
geel

橙
oranje

粉
roze

紅
rood

紫
paars

藍
blauw

綠
groen

棕
bruin

灰
grijs

黑
zwart

很多/少許

veel / weinig

生氣/平靜

boos / kalm

美/醜

mooi / lelijk

首/尾

begin / einde

大/小

groot / klein

明/暗

licht / donker

兄弟/姐妹

broer / zus

乾淨/骯髒

proper / vuil

完整/缺失

volledig / onvolledig

白天/晚上

dag / nacht

死/生

dood / levend

寬/窄

breed / smal

可食用/非食用

eetbaar / oneetbaar

邪惡/善良

kwaadaardig / vriendelijk

興奮/無聊

opgewonden / verveeld

胖/瘦

dik / dun

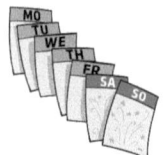

第一/最後

eerst / laatst

朋友/敵人

vriend / vijand

滿/空

vol / leeg

硬/軟

hard / zacht

重/輕

zwaar / licht

餓/渴

honger / dorst

生病/健康

ziek / gezond

非法/合法

illegaal / legaal

聰明/愚笨

intelligent / dom

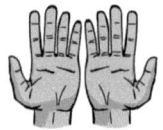

左/右

links / rechts

近/遠

dichtbij / veraf

新/舊

nieuw / gebruikt

沒有/有些

niets / iets

老/幼

oud / jong

開/關

aan / uit

打開/闔上

open / dicht

安靜/吵鬧

stil / luid

富/窮

rijk / arm

對/錯

juist / fout

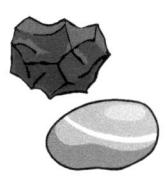

粗糙/光滑

ruw / glad

傷心/高興

droevig / blij

短/長

kort / lang

慢/快

traag / snel

濕/乾

nat / droog

溫暖/涼爽

warm / koud

戰爭/和平

oorlog / vrede

0
零
nul

1
一
één

2
二
twee

3
三
drie

4
四
vier

5
五
vijf

6
六
zes

7
七
zeven

8
八
acht

9
九
negen

10
十
tien

11
十一
elf

12
十二
twaalf

13
十三
dertien

14
十四
veertien

15
十五
vijftien

16
十六
zestien

17
十七
zeventien

18
十八
achtien

19
十九
negentien

20
二十
twintig

100
百
honderd

1.000
千
duizend

1.000.000
百萬
miljoen

英語
Engels

美式英語
Amerikaans Engels

普通話
Chinees (Mandarijn)

印地語
Hindi

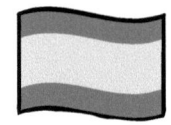

西班牙語
Spaans

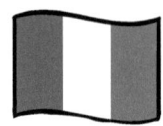

法語
Frans

阿拉伯語
Arabisch

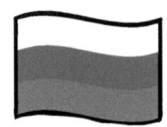

俄語
Russisch

葡萄牙語
Portugees

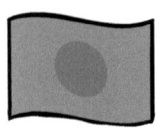

孟加拉語
Bengali

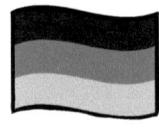

德語
Duits

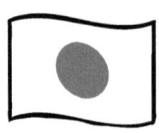

日語
Japans

我

ik

你

u

他/她/它

hij / zij / het

我們

wij

你們

u

他們

ze

誰？

wie?

什麼？

wat?

如何？

hoe?

何處？

waar?

何時？

wanneer?

名字

naam

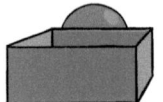

後面

achter

裡面

in

前面

voor

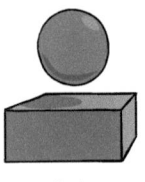

上方

boven

上面

op

下麵

onder

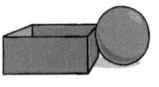

旁邊

naast

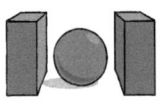

中間

tussen

地點

plaats